아슬아슬

# 아슬아슬
### 문순자 시조집

Sijo Poems by Moon Soon Ja

■ 시인의 말

써도, 써도, 아득한 길아
……
……
미안하다
나의 길아

2014년 여름
문순자

# 아슬아슬 문순자 시조집

- 시인의 말 5
- 작품 해설 77

## 01

무꽃 • 11

여자 • 12

아슬아슬 • 13

새조개 • 14

제주휘파람새 • 15

게 섰거라! • 16

지구를 찾다 • 17

토끼섬 • 18

내 사랑의 수압 • 19

소나기 • 20

숭고한 여름 • 21

칸나 • 22

왼손도 손이다 • 23

솔도 • 24

어떤 비문 • 25

## 02

돌염전 • 29

문득 • 30

봉투 세 개 • 31

허벅장단 • 32

가시버시 • 33

영정사진 • 34

콩점 • 35

항 삽서, 항 • 36

4·3 그 다음날 • 37

4월 • 38

달개비 • 39

앞니빨 하나 • 40

첫눈 • 41

동검은이오름 국수나무 • 42

## 03

금강경 • 45

지렁이똥 • 46

금빛 합장 • 47

잔치 • 48

멀고 멀어라 • 49

까치 • 50

빗소리 • 51

어떤 병작 • 52

강아지풀 • 53

파종 • 54

작대기 두 개 • 55

사람주나무 • 56

골동품 같은 • 57

보태는 기도 • 58

## 04

늑대거미 사랑법 • 61

안락한, 바위그늘집자리 • 62

목련 • 63

보탑사 느티나무 • 64

강림 • 65

봄날 • 66

산목련 • 67

몽니 • 68

산세베리아 • 69

관절염 • 70

기웃대다 • 71

유수암리 • 72

화목보일러 • 73

얼음물고기 • 74

무 꽃 _ 여 자 _ 아 슬 아 슬 _ 새 조 개 _ 제 주 휘 파 람 새 _ 게 셨 거 라 ! _ 지 구 를   찾 다 _ 토 끼 섬 _ 내   사 랑 의   수 압 _ 소 나 기 _ 숭 고 한   여 름 _ 칸 나 _ 왼 손 도   손 이 다 _ 솔 도 _ 어 떤   비 문

# 무꽃

송구하고
송구한 건
하늘도 마찬가지

거저 줘도 안 뽑아가는
천여 평 월동 무밭

여태껏
못 갈아엎고
누리느니,
이 호사!

## 여자

지구에 오래 살면 저렇듯 둥글어질까
온종일 해바라기 23.5도 그만큼
어머니,
이끈 유모차
그도 슬몃 기운다

첫 남잔 징용으로 일본 간 지 칠십 년
두 번짼 4·3 횃술로 세상 뜬 지 사십 년
체념도 용서도 아닌
하늘이라 또 섬긴다

당신은 엄쟁이다
소금밭 일구던 여자
절에 가지 않아도 온몸으로 절을 한다
서너 평 돌염전에도
눈부시다 천일염

# 아슬아슬

아마존강 벌새가 밀어올린 둥지처럼
구례 오산 꼭대기 아슬아슬 사성암
이른 봄 등 떠밀려 와
기와불사 훔쳐본다

'정리하려 했지만 ……
그냥 좋아할래요'
발밑에 세상을 버린 고승들 수행처에서
건강도 합격기원도 아닌
사랑고백이라니!

그래, 이 젊은 것들아
간절하면 이루리라
어느 가슴엔들 그런 사랑 없겠느냐
꼬깃한 나의 고백도 불전함에 놓고 간다

# 새조개


날아온 섬 비양도엔
바다 속에도 새가 있다
70년대 새마을 풍 빛잔치로 넘어간
납작한 슬레이트지붕 살짝 흘린 조개가 산다

하늘 아래 한 지붕, 모래펄 속 새조개
어머니 한생애도 밭머리 파도로 앉아
또 하루 해감을 하듯 숨비소리 흘렸느니

섬도 간절하면 다홍빛 새가 되는 건지
내 안을 검색하는 해안초소 서치라이트
천 년 전 예고도 없이
날아든 비양도처럼

# 제주휘파람새

끝내
아버지가
못 돌아온 봄이다

앞 뒷말 다 자르고
호르기~ 요~호르기*

이 봄날
4월 이야기
다시 또 후벼 판다

―――――――――
* 호르기~ 요~호르기 : '며칠 전, 요 며칠 전'을 뜻하는 제주말.

# 게 섰거라!

와글와글 바글바글
와글 바글 와글 바글
아스팔트 빗방울들 게처럼 도망친다
친정길 일주도로가 돌레방석* 한창이다

자갈 하나 치우면 포위망 더 좁혀진다
참게 방게 돌킹이 달랑달랑 달랑게
더러는 아강발 하나
뚝 떼놓고 가는 낮달

그 바다 그 먹자갈, 등짐으로 지고 온 길
게 섰거라, 새마을운동 그 부역의 세월도
빚잔치 다섯 마리 송아지
그마저 게 섰거라!

---

\* 돌레방석 : 여럿이 둘러앉아 게를 잡는 방법.

# 지구를 찾다

한라산도 수평선도 한눈에 쏙 박히는
제주시 외도동은 그야말로 별천지다
아파트 옥상에 서면
대낮에도 별이 뜬다

수성빌라 금성빌라 화성빌라 목성빌라
그것도 모자라서 1차, 2차 토성빌라
퇴출된 명왕성만은
여기서도 안 보인다

스스로 빛을 내야 별이라고 하느니
얼결에 궤도를 놓친 막막한 행성처럼
내 안에 실직의 사내
그 이름을 찾는다

# 토끼섬

구좌읍 하도리 밤은
달빛 없어도 좋아라

누가
날 받았는지
한여름
몸을 푼 바다

신생아
첫 울음 같은
문주란이 환하다

## 내 사랑의 수압

참깨 뒷그루로 양배추를 심었다
이랑이랑 떠먹이는 한 숟갈 흙과 거름
첫손녀 첫 울음소리
막 받아 낸 친정 같다

추카추카 추카추카 스프링클러 돌아간다
가을 타는 내 사랑도 수압이 낮아졌는지
중산간 밤이 깊어야 제대로 물이 돈다

물 주러 간다, 물 주러 간다
새벽 4시 밭에 간다
젖무덤 더듬어 가듯 반딧불이 손전등
아가야, 농촌의 밤이 옹알이로 젖는다

# 소나기

처서 무렵
하늘은
말문 트는 아기 같다

업고 안고 어르고
어쩌나
막무가내

맨 처음
세상에 흘린
아고옹 아공 ……

으아앙!

## 숭고한 여름

2월 신제주에선 칼바람도 새소리 같다
별자리 옮겨 앉듯 말레이반도에서 제주섬
한겨울 TV 속으로 여름 철새 날아왔다

팔색조, 너는 그냥 깃털 색깔이 무기다
숙명이듯 초승달밤 찾아드는 탐라계곡
천적인 누룩뱀마저 경계색에 놀라는

종일 먹어도 허기진 세월이 있었듯이
몸보다 입이 더 큰 아기새 저 주둥이
갱년기 마른 젖가슴 짜르르 젖줄이 돈다

새가 운다, 까닭 없이 먼 길 뜨는 바람처럼
가다가 되돌아온 잔치마당 각설이처럼
그 소리, 퉁소소리로 숭고한 여름이 운다

# 칸나

서둘러
태풍 '말로'
동해로 떠난 직후

어느 해안 초소
빨간 명찰 병사들처럼

얼차려
허리 꺾었나
이 간나이 새끼들!

## 왼손도 손이다


의사는 다짜고짜 내 구력을 물어 온다
운동?
운동이라면 노동이 고작인데
병명도 분수가 있지
'테니스 앤 골프 앨보'라니

그렇다면 도대체 내가 뭘 쳤다는 걸까
오른손잡이,
이 손으로 네 등 떠민 적 없었다
무심결 왼쪽 손으로 찻잔을 든 이 아침

세상에, 세상에나
업은 애기 삼 년 찾듯
여태껏 안 떠나고 여기 남아 있었구나
반세기 흘리고 나서
심봤다!
너 왼손아

## 솔도

솔도인 줄 모르고 솔도를 다녀왔네

한라산 서북자락 섬처럼 떠도는 마을

수백 년 화전의 땅이 파도치고 있었네

그 파도 한 자락을 그물로 건져 올리면

숯막이며 암자며 비석만 남은 '배움의 옛터'

자욱한 아이들 소리도 파닥이고 있었네

참깨 막 여무는데 골프공 또 날아왔네

숙명이듯 밭 몇 떼기 놓지 못하는 천씨 일가

라운딩 끝난 섬 끝에 놀이 뜬다 나이스 샷!

# 어떤 비문

전국이 고병원성 AI로 분분할 쯤
제주시 산지천변 새로 생긴 무덤 하나
부서진 시멘트조각 묘비도 곁들였네

고사리 손길인 듯 네임펜으로 겹쳐 쓴
'새의 무덤'
'삼가 고 새의 명복을 빌며'
말미에 '소희, 현희'라고 상주이름도 밝혔네

테역벙뎅이* 내 동생은 무덤조차 없었네
추적추적 겨울비 드러난 날갯죽지
흙 한줌 보태지 못한 내 손이 송구하네

---

* 테역벙뎅이 : 잔디덩어리. 일찍 죽은 아이를 이르는 제주말.

돌염전_문득_봉투 세 개_허벅장단_가시버시_영정사진_콩점_항 삽서, 항_4·3 그 다음 날_4월_달개비_앞니빨 하나_첫눈_동검은이오름 국수나무

## 돌염전
― 친정바다 1

결은 끝나지 않는 항거의 몸짓이다
주일날 교회 대신 문득 찾은 친정바다
여태껏 갈매기 몇 마리 저 이랑을 겨누고 있다

내 고향은 큰딸에게 돌염전 대물린다
밭 대신 20여 평 유산으로 받아든
어머니 구릿빛 내력, 자리젓보다 더 짜다

돌소금 한 됫박이면 겉보리도 자리돔도 한 되
소금구덕 하나로 산간 마을 돌아오면
등짝에 서늘히 젖은 술주정도 묻어난다

엄쟁이에선 더 이상 천일염 못 만든다
4·3으로 6·25로 다 떠나보낸 구엄마을
무얼 더 고백하라고 싸락눈 또 오시는가

# 문득
— 친정바다 2

큰 딸애 설거지소리
오늘 문득 귀에 익다

물질 갔다 돌아와 수평선도 재워 놓고

늦은 밤
친정바다가
숟가락을 딸깍이는

# 봉투 세 개
― 천정바다 3


쉬쉬 입단속에 딸들만 불러 놓고

어제는 해녀증도 반납하고 왔다며

궤짝에 감춰 두었던

봉투 세 개 꺼냅니다

이대로 받을 수도

그렇다고 물릴 수도 없는

드문드문 바닷빛 구권도 섞여 있고

오십 줄 세 딸년 외려 낯이 붉어집니다

## 허벅장단
— 친정바다 4

정월 친정바다는 니나노, 니나노타령
하룻밤에 한 집썩 멍석 깔아 놓으면
예닐곱 내 어깨에도
춤사위 실렸으니

악기래야 북 장구 병에 꽂은 놋숟가락
등에 진 물허벅도 부려 놓으면 허벅장단
아버지 북채 끝에서
흰 눈발 쏟아졌으니

'여자로 나느니 차라리 쉐로 나주'
입에 붙은 그 소리 훌훌 털던 노랫가락
농한기 바다도 슬쩍
엉덩일 디밀었으니

# 가시버시
— 친정바다 5


한 사흘 술 취한 바다
다 받아 준 어머니
새벽부터 콩밭머리 빈속으로 앉아서
호미 끝 바람 붙들고 너울너울 하소하네

아버진 아버지대로 그냥 있지 못해서
대소쿠리 든숭만숭 바다로 나가시네
갯바위 굼벗*처럼 붙어
굼벗을 캐내시네

또 한차례 전쟁이듯
데치고 딱지 떼고
한 사발 화해의 양념 듬뿍 얹은 굼벗냉국
어머니 밥상머리에 슬그머니 밀어 놓네

---

\* 굼벗 : 군부의 제주말.

## 영정사진
— 친정바다 6

유모차도 놔두고 대체 어딜 가셨나
무슨 큰일 하듯 장만하신 영정사진
텅 빈 방 어머니 대신 환하게 웃고 있다

가신다, 가신다는 그 길 그리 좋으신가
여름 내내 쪼개던 마늘종자 닮았는지
손톱도 쪽마늘 같이 몽그라진 한 생애

바다 물빛만 봐도 조금인 걸 알겠다
저녁상 모서리에 별빛 몇 개 놓이는
오늘은 이승과 저승 어머니가 계시다

# 콩점
— 친정바다 7

동짓날 친정에 가면 콩점치고 싶어진다
다닥다닥 콩꼬투리, 60년대 초가지붕
아버지 점괘에 기대
새해 농사 점쳤었다

수리대 반을 쪼개 그 안에 콩 열두 알
풍년의 기약마저 하룻밤 물속에 담그면
신새벽 엄쟁이마을
신이 다녀가셨는가

당신 몸엔 누가 콩점을 쳤던 걸까
4·3 그 횃술도 걸러내지 못한 콩팥
반세기 세월의 저편
술렁이는 친정바다

## 항 삽서, 항


"항 삽서, 항"
"열두 밧듸 고망 터진 항 삽서"*

동생을 들쳐 업고
모로 뉘어 맴을 돌면

현기증,
노란 허공에
그저 빙긋 웃으시던

사십 년도 더 지나
매실주를 담그다

봄볕에 취했는지
골다공증 때문인지

어머니,
그 곁에 앉으면
나도 하늘 비운 옹기

---

* "항아리 사세요, 항아리", "열두 군데 구멍 뚫린 항아리 사세요." 사람을 항아리에 빗대어 이르는 제주말.

## 4·3 그 다음날

밤새
난바다가
지켜 낸 외등 하나

왕벚나무 그늘 아래 비린내로 나앉아

낱낱이
옥돔 비늘을
훑어 내고 있었다

# 4월

비틀비틀
긴 올레
들어온 내 아버지

"이 풍~진 세상 만~났~으니"

확 걷어찬 저녁상

맨 땅에
4월 동백이
횃불로 다시 핀다

# 달개비

떠밀리듯 떠났어도 떠난 건 떠난 거다
왔던 뱃길, 가는 뱃길 잊었다면 잊은 거다
벌초철 풀 몇 줌 베러
제주에 온 외삼촌

돌 위에 뽑아 놔도 되살아나는 달개비처럼
강산도 세대도 변한 60년 밀항의 세월
아버지 산소 가는 길
오사카보다 낯설다

돈 몇 푼 송금하고 벌초하던 이 무덤
민단이랴 조련계랴 부질없다 잡풀들아
비로소 조아린 오름
나도 따라 조아린다

## 앞니빨 하나


손가락 하나로도 흔들바위 흔들듯
찬바람 닿기도 전에 물봉선 툭 터지듯
한 하늘 간신히 받든
어머니 앞니빨 하나

화산섬 그녀의 생은 그대로 전쟁이었네
새벽 다섯 시 반
시오리 하귀오일장
똥돼지 대여섯 마리 리어카에 끌려가네

열세 살 단발머리
책가방도 끌려가네
네가 마수걸면 운수대통 한다는 말에
꽤~액 꽥 뒷다릴 붙잡고
단풍들던 하얀 칼라

반짝 섰다 사라지던 그 장 아예 사라졌네
개똥참외 마른 줄기 퇴역한 장돌뱅이
그래도 바느질 실 끝
앞니빨로 뚝 자르네

# 첫눈

또각또각 좌회전
어머니 밥 씹는 소리
퇴근길 습관처럼 해안도로 돌아들면
먹자갈 친정바다가 설거지 하고 있다

세월 따라 온몸으로
자전하듯, 공전하듯
오일장 끝나자마자 띄우는 태왁 하나
밑져야 본전이란다
골라, 골라
나는 여자!

이젠 염색조차 마다하는 겨울산
까치도 안 물어 가겠단 치과의사 너스레에
쏙 뽑힌
앞니빨 같은
첫눈, 첫눈이 온다

## 동검은이오름 국수나무

송당에서 바라보면 큰 뿔 두 개 우뚝한
정이월 오름자락
검은 암소 뿔 오그라지듯
칼바람, 내 어깨 한쪽 휘청하니 기운다

이승과 저승의 경계
날아든 이장移葬 통지서
산담으로 에워싼 오래된 무덤 하나
저 혼자 길가에 나온 치매기 할미꽃 같은

이별의 끝자락엔 눈발이 날리는 법
소복소복 애기무덤 국수나무 덤불숲
할머니 그 하얀 허기
타래타래 올리고 있다

금강경 _ 지렁이똥 _ 금빛 합장 _ 잔치 _ 멀고 멀어
라 _ 까치 _ 빗소리 _ 어떤 병작 _ 강아지풀 _ 파종 _ 작대
기 두 개 _ 사람주나무 _ 골동품 같은 _ 보태는 기도

# 금강경

사월 초파일이 코앞이라 그런가

시루 속 콩나물이

까까머리 동자승 같다

톡 치면

금강경 한 구절

묻어나는

물방울

# 지렁이똥

흙덩일 걷어내자 지렁이 꿈틀댄다
남의 손에 맡겼다 10년 만에 찾은 이 밭
소보록 똥무더기도 갓 피어난 산두릅 같다

새순 톡톡 꺾어 올린 밭머리 밥상머리
연일 판을 치는 지진 황사 방사능 소식
쓰나미 훑고 간 가슴, 무슨 싹이 돋아날까

퇴직한 남편이랑 돌멩이를 줍는다
다시 쓰는 영농일기 허허로운 이 행간
돌 하나 그리움 하나 삼태기에 담는다

## 금빛 합장


봄날엔
빌지 않아도
꽃들이 피어난다

부활절도 초파일도 이제 겨우 지났는데

누굴 더
섬기란 건가
구름비나무 어린 손들

# 잔치

인터넷 게시판에 누가 글을 올렸는지
퇴직하고 첫 농사 참깨 씨 뿌리는 날
트랙터
쟁깃날 튕긴
돌멩이 같은 새떼들

까치 참새 휘파람새, 구억 꿕 멧비둘기
니들 눈엔 내가 허수아비로 보이냐
대놓고
삿대질하네
악악대도 소용없네

야, 이 도둑놈들아, 이게 어떤 참깬데
끙게질하는 남편과 숨가쁜 새들의 전쟁
쫓느라
쪼아대느라
잔치, 잔치 벌렸네

# 멀고 멀어라

이래도?
이래도 안 불어?
주리 트는 사령 같이

이래도?
이래도 안 더워?
한여름 가마솥더위

처서는
아직 멀어라
그리움도 멀어라

# 까치

까치 까치 한 까치 남편 손에 한 까치
금연 3개월째 몰래 피는 한 까치
그 까치 돌팔매해도
내 밭에 날아든다

그래, 너도 내게 한 때는 길조였다
가을 가뭄 두어 달
속 타는 양배추밭
거기다 까치 몇 마리 온종일 진을 친다

듬성듬성 원형탈모증 중년의 가장처럼
뽑힌 자리 다시 심고 돌아서면 또 뽑는
까자작,
깨작 깨작 깨작
아, 저 미운 일곱 살들

# 빗소리


길일(吉日) 찾듯 날 잡아
농약을 치고 나니

옆자리
코고는 소리
기어코
내리는 비

가뭄엔
무심하더니
불면의 밤 건드리네

# 어떤 병작

한철 농사 반타작
멀구슬나무 멀거니 본다
앙상한 가지마다 떼거리로 달린 까치
깡통도 반사테이프도
허수아비도 소용없다

처음부터 까치와 병작할 걸 그랬는가
내 이마 쪼아대듯 아작낸 양배추밭
낮술에 얼근한 농심
톱날을 만져 본다

모든 밭의 상처는 갈아엎어야 끝나는 거
묵정밭 언저리에
그리움의 씨앗은 남아
병작도 못해 본 노을 저 혼자 타고 있다

## 강아지풀

한쪽 귀로 들어도
못 흘리는 말이 있네

돌담에 철썩 부서져 돌아오는 그 꼬릴 잡고

한사코
안 놓아주네

풀물 든
여치소리

# 파종

참깨걷이 끝낸 자리, 삽날들이 모였다
한라산 북녘자락 대물린 댓 마지기
벌초철 두건을 쓰고 두런두런 모였다

쥐도 새도 모르게
90일종 참깨 뿌려 놓고
펀두룽, 펀두룽 펀펀* 병상에서 보낸 한 철
어머니 못 거둔 말씀, 무덤까지 끌고 왔다

초가을, 그루터기 또 씨앗을 심는다
구십 평생 화인 같은 4·3 그 기억까지
지상의 마지막 파종, 흙 몇 삽을 덮는다

---

\* 펀두룽, 펀두룽 펀펀 : 놀라서 그저 멍하니, 넋 놓고 있는 모양을 가리키는 제주말.

## 작대기 두 개

여섯 그루 감나무 겨우 받든 산밭 한 켠
얼결에 놓쳐 버린
아내가 눈에 밟히는지
까칠한 날씨조차도 그 성깔 닮았단다

70년 살기도 어렵다는데
올해 결혼 70주년
새총 같은 작대기로 허공 툭툭 건드리면
하늘도 알았다는 듯
생색을 내는 시간

오래 산다는 건 감 몇 톨 더 받는 걸까
어느새 할미 작대기 손에 든 손자 녀석
아버지 까치밥 같은
아흔의 가을이 탄다

## 사람주나무

궁리 끝에
장기요양급여 신청서 내고 온 날
아흔의 아버지는 한사코 마다신다
나랏돈 못 먹겠다고
단풍든
사람주나무

## 골동품 같은


신구간도 아닌데 이삿짐을 꾸린다
작년 이맘때쯤
아들을 따라간 주인
새 봄빛 혼자 남긴 채 돌아오질 않는다

어쩔거나,
엘리베이터만 봐도 저승을 느낄 나이
몇 해 전 어머니도 저렇듯이 놓쳤을까
기어이 놋요강만은
들고 오신 아버지

오락가락 치매기, 요양원은 싫으신지
방문조사원 앞에선 외려 더 말짱하다
한 일 년 집을 비워도
골동품 같은
홀아비냄새

## 보태는 기도

대학병원 사거리 도로섬 한가운데
부처인지 예수인지 아니면 산신령인지
팔순쯤 할머니 혼자
동서남북 절을 한다

날궂이 하려는가, 혀를 차는 택시기사
몇 년째 아버지도 이 병원에 갇혀 있다
어느 뉘 간절한 생애
내 기도 슬쩍 보탠다

# 04

늑대거미 사랑법_안락한, 바위그늘집자리_목련_보탑사 느티나무_강림_봄날_산목련_몽니_산세베리아_관절염_기웃대다_유수암리_화목보일러_얼음물고기

# 늑대거미 사랑법


무릇 산 것들의 사랑법은 숭고하다

거미줄도 긋지 않고
덜미 잡은 우포늪

등짝에 새끼들 층층
지고 간다
저 수컷!

## 안락한, 바위그늘집자리


봉도 오름도 아닌 왜 산이라 명했을까
첫 시집 내고 나서 휴대폰 없이 나선 길
내 안의 산 같은 적막, 털어 내도 또 붙는다

누가 벌써 다녀갔다
양초 몇 개 태웠다
안락하다, 영주산 바위그늘집자리
어느 별 어느 마을로 무슨 기도 바치는가

파라볼라 안테나다, 성읍마을 기댄 저 산
매미가 허물 벗듯 벗어 놓은 정의현청
오백 년 그 빈껍데기, 오늘 문득 다녀간다

# 목련

못 먹어도 "고"라고 한번쯤 했어야지

이월 매조
사월 흑싸리
팔월 공산
십이월 비

몇 마디 말씀만 같은
날아라,
하얀 새떼여

# 보탑사 느티나무

보련산 깊숙이 와 터 잡은 삼백여 년

보탑사도 세상도 다 품은 줄 알았는데

지는 해

그것마저도

툭

놓치고 마는

봄날

# 강림

하필 속도계라니!
입동 무렵 도롱이벌레
내 옷에 묻어왔는지 바람결에 왔는지
중고차 계기판 천정
외줄로
툭
강림하신

덜컹덜컹 11년째 나를 이끈 길 하나
굴려 왔던 한생애도, 가야 할 그 외길도
봉급도 주급의 세월
대롱대롱
긴 삭정이

규정 속도론 끝내 이를 수 없는 세상
486 컴퓨터자판 톡톡 두드리면
경건한 범칙금 같은
이 봄날의
시 한 줄!

## 봄날

느닷없는 재채기에
씹던 껌이 날아갔네

땅바닥에
툭
떨어진
저 애벌레 한 마리

세상에
그것도 모르고
단물 빨고 있었네

# 산목련

사나흘에 한 번쯤도

웃을 일이 없다는

밥상머리 아들 녀석

그 말 곧이들었는가

장맛비

아랑곳없이

함박꽃만 피우네

# 몽니


출근길 내 옆구리 툭 치는 백량금
일 년에 한 차례씩 3년째 붉은 열매
더 이상 참을 수 없는지
도장지 불쑥 내민다

새소리, 그 하나만으로
발정 난 오월 창공
돗통시 담장 허물며 뛰어넘는 암퇘지처럼
때로는 본능도 저렇게
질펀하니 성스럽다

여태껏 내 몸에도 향기가 남았을까
군대 간 막내 녀석 첫 편지 사연 같은
허공의 열매 몇 알이
절로 터져 싹 튼다

## 산세베리아

새벽 6시 알람
우리집 비상 사이렌

어둠이 거두지 못한
날벌레 저 사체들

어디든
비린내 전장戰場
야전복 벗지 못하네

# 관절염


쉰 고갤
넘어서도

한눈파는
버릇은 있네

털 빠진 닭 모가지 같은
늦가을 털머위 꽃밭

봉침을
구하러 갔다
꽃등에만 보고 왔네

# 기웃대다

1
벌침이 그만이라는 친구 따라 나선 길
털머위며 감국에도 병원 문 드나들듯
때 놓친
꿀벌 몇 마리
꽃밭 속을 기웃댄다


2
꽃다운 꽃 제대로 못 피워 본 구상나무
첫눈 받은 절 마당
하늘 내린 눈꽃송이
그 속에 갇힌 그리움 잉잉대고 있었다


3
절 한 번에 한 글자씩 경전을 사경寫經하듯
핀셋으로 내 몸에 들이대는 벌 꽁무니
통증에
통증을 잇대는
성스러운 이 한 방!

## 유수암리
— 조정철과 홍윤애

죽어
한 사내의
절절한 시詩 된다면

그게 어디 이별인가
끝나지 않은 사랑이지

이승을
건너온 달이
온몸으로 뒹구는 밤

# 화목보일러


요놈의 아가리는 어쩌나 식탐하는지
부업으로 꿀벌 치는
개척교회 목사님
기름값 바닥났는가, 장작불도 바친다

애월, 조중이왓 하늘이 임하신 후
첫손자 옹알이 같은
첫사랑 고백 같은
알미늄 연통을 따라 웅웅 새는 꿀벌소리

저수지 못물만으론 도저히 끌 수 없는
저 벌건 그리움의 내력
감당 못할 화목의 꽃밭
예순의 통성기도가 보일러를 돌린다

# 얼음물고기

결국 내 몸이었네
유혹의 발원지는
배고프지 않아도 여럿이 둘러앉아
깡깡 언 금강 한 줄기
한 양푼 주문했네

만 원짜리 한 장으로 불려나온 빙어들
반시계 방향으로 쇼트트랙처럼 돌다가
이 길은 아니라는 듯
물길 화륵 바꾸네

젓가락으로 집어든 가느다란 물길 하나
내 그리움도 비우면 저렇듯 투명할까
파르르
목젖의 여울
서늘하니 건너는

# 해설

제주와 여성에 대한 모성적 다시 쓰기

# 제주와 여성에 대한 모성적 다시 쓰기

정수자(시인·문학박사)

## 1

문학 속의 여성은 대부분 남성의 시선으로 그려져 왔다. 글쓰기 자체가 오랫동안 남성의 전유물이었던 탓이 크다. 시조 역시 사대부의 시가로 전해지며 남성 작자나 화자가 압도적이었고, 근대에 와서도 비슷한 현상이 지속됐다. 이러한 구도에 균열이 생긴 것은 1990년대부터인데, 무엇보다 여성시인이 확연히 늘어난 데 기인한다. 여성시인의 증가는 여성의 삶에 대한 다시 읽기와 다시 쓰기 같은 여성 자신의 주체적 쓰기로 이어진다. 전복적인 주장부터 에코페미니즘에 이르기까지 다양한 진화를 열어온 여성시와는 좀 다르지만, 남성 위주의 시조단에도 여성시조의 영역이 한층 넓어진 것이다.

문순자는 90년대 말에 등장한 여성 시인 중에서도 자기 세계를 진중하게 구축해 온 시인이다. 제주의 시인답게 제주의 삶과 역사에서 자신의 시적 지평을 꾸준히 열고 넓혀 왔다. 여기서 '제주'와 '여성'이라는 문순자 시인의 근원이자 정체성에 주목할 필요가 있다. 두 요소가 그의 시세계를 추동하는 주요 축이자 바탕을 이루며 여성의 입장에서 다시 읽고 다시 쓰기로 구현되기 때문이다. 이는 페미니즘에서 말하는 여성적 글쓰기의 전제이자 출발에 속하는 다시 쓰기로 시조에서 더 의미 있는 영역 확장이라고 할 수 있다.

이번 시집에서도 '제주 그리고 여자의 삶'으로 집약할 만한 시편이 주를 이루는 것을 볼 수 있다. 특히 어머니의 삶을 통해 다시 읽고 쓰는 제주 여성의 삶과 역사는 그의 개성적 권역으로 자리 잡아가는 듯하다. 더욱이 어머니 세대에 비해 크게 나아지지 않은 또 하나의 제주 여성으로서 삶의 현장에 굳건히 선 채 열어가는 시적 궤적이기에 더 진중하고 감동적인 울림을 지닌다. 이러한 시적 진화의 두 번째 시집인 『아슬아슬』 속으로 들어가서 제주의 푸른 바람과 함께 그곳의 곡진한 삶이며 올레의 안팎을 거닐어 보자.

### 2

제주에서의 삶은 아름다운가. 멀리서 보거나 가까이서 보거나 제주의 풍광은 한 폭의 그림 이상으로 아름답다. 육지와 다른 섬이라는 점에서도 그렇지만 제주만의 독특한 풍광이 보는 사람의 마음을 홀려 낭만적으로 바라보게 만든다. 하지만 그 속으로 들어가 제주의 삶을 찬찬히 들여다보면 섬이라서 더 겪은 제주 특유의 처절한 생존의 역사를 확인할 수 있다. 하긴 어느 곳이나 멀리서 혹은 스치듯 바라보면 아름답다는 감탄사로 대상화하고 피상적으로 훑고 지나치기 십상이다. 그런데 제주는 특히 더 수려한 풍광과 더 푸른 물빛과 바람에 취해 여행지나 휴양지로 바라보고 즐길 소지가 더 높다는 것이다.

여행자 혹은 타자의 시선을 넘어 제주의 삶을 보다 깊이 들여다보면 역사 속의 많은 상처가 드러난다. 그 중에도 아직 진행형인 가장 큰 사건은 4·3이라고 할 수 있을 것이다. 문순자 시인은 그런 세계를 그리는 중에도 특히 '제주'와 '여자'의 삶에 주목한다.

지구에 오래 살면 저렇듯 둥글어질까
온종일 해바라기 23.5도 그만큼
어머니,
이끈 유모차
그도 슬몃 기운다

첫 남잔 징용으로 일본 간 지 칠십 년
두 번짼 4·3 횃술로 세상 뜬 지 사십 년
체념도 용서도 아닌
하늘이라 또 섬긴다

당신은 엄쟁이다

소금밭 일구던 여자
절에 가지 않아도 온몸으로 절을 한다
서너 평 돌염전에도
눈부시다 천일염

—「여자」 전문

  이 작품은 '여자'를 제목으로 내세우고 있어 우리의 주목을 더 끈다. 그런 속에서 우리는 '여자'를 다시 읽으며 나아가 '제주'의 '여자'가 살아내는 삶을 읽게 된다. 여기 등장하는 두 사건 중 "징용"은 일제 때 많은 사람이 겪은 전 국민적 상처지만, "4·3사건"은 제주만의 상처로 그 흔적이 더 깊기 때문이다. 1948년 4월 3일부터 1954년 9월 21일까지 제주도에서 일어난 4·3으로 도민의 희생이 매우 컸다. 몇 년 전 국가적 사과와 추념일 제정이 이루어지기까지 '공산당', '폭동' 같은 누명을 덧씌운 고통은 말로 다할 수 없을 정도다. 지금도 계속 나오는 희생자며 관련 증언은 4·3이 얼마나 참혹했는지 짐작할 수 있다.

  그런 제주에서 여자로 사는 것은 어떠한가. 제주는 여자가 일하는 전통이 있는 곳인데, 두 번째 남자가 "4·3 횟술로 세상"을 뜬 여자의 질곡은 말도 다할 수 없을 지경이리라. 그 어려움은 "지구에서 오래 살면 저렇듯 둥글어질까"로 암시된다. 둥글어진다는 것은 모난 것을 갈고 다듬으며 이루어지는 원만함의 상징이다. 그런데 "유모차"를 밀고 다닐 정도라면 얼마나 많은 모서리를 깎고 다스려 왔을 것인가. "징용"과 "4·3" 같은 삶의 파괴를

견뎌온 세월, 시인은 그것이 "체념도 용서도 아닌 / 하늘이라 또 섬"기는 자세에서 나온다고 본다. 그렇듯 극한적 인고를 거친 삶은 "온몸으로 절을" 하는 "엄쟁이"의 노년으로 남았다.

실제로 제주에는 노동으로만 가능한 "돌염전"이 있었고, 시인의 친정인 "구엄마을"은 바로 그런 염전의 고장이다. 바위에 바닷물을 가두고 말리기를 거듭하는 땡볕 속의 긴 노동을 요하는 돌염전은 여자에게 대물림되는 인고의 계승이다. 이를 다룬 「돌염전」을 보면 "내 고향은 큰딸에게 돌염전 대물린다 / 밭 대신 20여 평 유산으로 받아든 / 어머니 구릿빛 내력, 자리젓보다 더 짜다"고 한다. 그런 만큼 돌염전 유산이란 어머니가 살아온 땀과 고통의 대물림에 다름 아니다. 제주 여자의 세월이 그렇게 제주의 소금이 되고 또 다른 제주 여자인 딸들에게 새겨지는 동안, 그 강인함이 "천일염"으로 눈부시게 승화하는 것이다.

이렇듯 역경을 감싸 안고 둥글어지는 제주 여자의 삶은 여러 작품의 주제를 이루며 특유의 강인한 삶으로 표상된다.

> 날아온 섬 비양도엔
> 바다 속에도 새가 있다
> 70년대 새마을 풍 빚잔치로 넘어간
> 납작한 슬레이트지붕 살짝 흘린 조개가 산다
>
> 하늘 아래 한 지붕, 모래펄 속 새조개
> 어머니 한생애도 밭머리 파도로 앉아

又 하루 해감을 하듯 숨비소리 흘렸느니

―「새조개」부분


　이 작품의 "모래펄 속 새조개"는 곧 "밭머리 파도로 앉"아 보낸 "어머니 한생애"로 중첩된다. "납작한 슬레이트 지붕"이 곧 "새조개"처럼 보이는 집에서 어머니는 생의 오후를 보내는 중이다. 그런데 거기서도 "또 하루 해감을 하듯 숨비소리"를 들을 지경이니 제주 여자들이 얼마나 힘든 나날을 거쳐 오늘에 이르렀는지 노동의 시간을 여실히 보여 준다. "숨비소리"가 바다 속에서 일하던 해녀가 수면 위로 잠시 얼굴을 내밀 때 내뱉는 숨소리라는 것을 알고 보면, "어머니 한생애"가 보낸 밭에서의 시간도 해녀처럼 캄캄한 물속에서의 시간과 다를 바 없다고 생각되기 때문이다. 그런데 "섬도 간절하면 다홍빛 새가 되는 건지"에서 돌아보는 모습은 그다지 아프지 않은 이미지를 담고 있다. "간절한" 시간을 거치는 동안 새가 된 듯싶은 섬 모습이 중첩되는 까닭에 비양도의 그림처럼 비치는지도 모르겠다.


송구하고
송구한 건
하늘도 마찬가지

거저 줘도 안 뽑아 가는
천여 평 월동 무밭

여태껏
못 갈아엎고
누리느니,
이 호사!

—「무꽃」전문

참깨 뒷그루로 양배추를 심었다
이랑이랑 떠먹이는 한 숟갈 흙과 거름
첫손녀 첫 울음소리
막 받아 낸 친정 같다

추카추카 추카추카 스프링클러 돌아간다
가을 타는 내 사랑도 수압이 낮아졌는지
중산간 밤이 깊어야 제대로 물이 돈다

물 주러 간다, 물 주러 간다
새벽 4시 밭에 간다
젖무덤 더듬어 가듯 반딧불이 손전등
아가야, 농촌의 밤이 옹알이로 젖는다

—「내 사랑의 수압」전문

  두 편의 시조에서도 제주 여자들이 감당해 온 일 그 중에도 제주에 특히 많은 밭일의 면면을 만날 수 있다. 밭은 흔히 여자의 비유로 쓰여 왔지만, 여기서는 그런 의미보다 농사 전반에서 여자만이 품을 수 있는 사랑이 더 부각된다. 「무꽃」에서 시인은 "거저 줘도 안 뽑아 가는" 지경이 된 "월동 무밭"을 갈아엎지 못하고 두었다가 누리는 뜻밖의 꽃 "호사"를 산뜻하게 담아낸다. 이는 행간에 들어 있는 땀이며 한숨 등은 넘겨짚도록 둔 채 그려낸 "호사"이기에 더 빛난다. 게다가 "송구한 건 / 하늘도 마찬가지"라고 넌지시 깔아 놓은 하늘과의 이심전심은 쓰라린 헛농사를 넉넉하게 넘기는 여유를 부여한다. 그런 점에서 보면 오히려 가슴 아파야 할 "천여 평"의 무꽃밭을 즐기는 마음 또한 여자이기에 더 흐뭇이 누리는 호사겠다.

「내 사랑의 수압」도 여자이기에 더 웅숭깊은 모성적 표현과 농심農心이 돋보인다. "이랑이랑 떠먹이는 한 숟갈 흙과 거름" 같은 모성적 표현들이 농사라는 온 생명의 일을 더 지극하게 만드는 것이다. 농사 역시 한밤에 배고픈 아기에게 뭔가를 떠먹이듯 "새벽 3시"라도 목 타는 밭에 물을 주어야 가능한 온 생명 '살림'의 일이다. 이렇듯 생명을 먹이고 살리는 마음이야말로 '엄마 농심'이라고 불러도 좋으리라. 그런 걸음을 부추겨주듯 "스프링클러"도 연신 "추카추카 추카추카" 돌고 있지 않은가! 그 소리가 똑 '축하축하'로 들리는 것은 소리 말의 탁월한 배치로 거두는 즐거운 효과다. 거기에 축하 받을 소출에 대한 예감까지 얹어 보면 이 대목은 더 건강하게 빛난다. 그래서 "양배추"들도 잘 자라고 있다고, 마치 어깻짓이라도 보태듯 한밤의 고된 걸음에 천지간의 흥을 돋워 주는 것이다.

이 밖에도 제주에서 여자로 살아내는 삶을 이야기의 골격으로 삼은 작품이 많이 보인다. 특히 '친정바다' 연작은 제목에서도 드러나듯, 가족 부양에서 남성 이상의 몫을 감당해 온 제주 여성의 삶에 대한 다시 쓰기로 모아진다. 여기서 우리는 어려운 환경을 굳세게 헤쳐 온 제주 여성의 삶에 대한 경의와 면면히 이어지는 여성의 연대 같은 계승의 힘을 느끼지 않을 수 없다.

## 3

제주의 삶이 여자에게 과중한 짐을 지워 온 전통이 있지만, 그렇다고 여자만 힘들었던 것은 물론 아니겠다. 이는 작품에 어머니와 함께 등장하는 "아버지"나 디아스포라 생을 살아낸 "외삼촌"을 통해서도 엿볼 수 있다. 그 중에도 「달개비」는 일본과 가까운 제주이기에 가능했던 "밀항"을 통해 제주 남자의 한 그늘을 보여 준다.

> 떠밀리듯 떠났어도 떠난 건 떠난 거다
> 왔던 뱃길, 가는 뱃길 잊었다면 잊은 거다
> 벌초철 풀 몇 줌 베러
> 제주에 온 외삼촌
>
> 돌 위에 뽑아 놔도 되살아나는 달개비처럼
> 강산도 세대도 변한 60년 밀항의 세월
> 아버지 산소 가는 길

오사카보다 낯설다

돈 몇 푼 송금하고 벌초하던 이 무덤
민단이랴 조련계랴 부질없다 잡풀들아
비로소 조아린 오름
나도 따라 조아린다

—「달개비」 전문

 무슨 사정인지 일본으로 밀항한 지 "60년"이 지난 어느 "벌초철"에 제주를 찾아온 외삼촌. 문면에는 드러내지 않지만 "떠밀리듯 떠났어도"에서 짚을 수 있는 것은 4·3과 관련된 "밀항"이 아닐까 하는 것이다. 그런 타국 생활은 "돌 위에 뽑아놔도 되살아나는 달개비"와 다르지 않은 삶으로 비쳐진다. 여릿한 남자줏빛 꽃을 피우는 달개비도 강인한 생명력을 지닌 들풀의 족속이라 역경 속에서도 퍼렇게 되살아나곤 했던 목숨을 환기하는 것이다. 그렇게 삶의 항로를 바꾼 외삼촌의 세월을 보며 시인은 "민단이랴 조련계랴 부질없다 잡풀들아"라고 일갈한다. 고향을 떠날 수밖에 없던 시절의 이념 같은 게 그렇다는 표현이리라. 한때 목숨을 걸었던 일도 "비로소 조아린 오름" 앞에서는 작아졌을 것이고, "60년"의 타국 생활 뒤에 찾아온 고향에서는 지난 시절의 뜨거웠던 그 무엇도 부질없는 일로 치부될 법하니 말이다.
 이렇듯 문순자 시인은 제주의 역사적 상처에 집중하는 경향이 강하지만, 제주의 삶을 모두 아프게만 바라보는 것은 아니다.

다음 시편들은 제주의 아름다운 풍광을 이루는 제주만의 특별한 자연들을 감각적으로 그려내고 있다.

구좌읍 하도리 밤은
달빛 없어도 좋아라

누가
날 받았는지
한여름
몸을 푼 바다

신생아
첫 울음 같은
문주란이 환하다

　　　　　　　　　　　　　—「토끼섬」전문


봄날엔
빌지 않아도
꽃들이 피어난다

부활절도 초파일도 이제 겨우 지났는데

누굴 더

섬기란 건가

　　구름비나무 어린 손들

　　　　　　　　　　　　　　—「금빛 합장」 전문


　「토끼섬」이나 「금빛 합장」에는 제주 고유의 "문주란"과 "구름비나무"가 등장한다. 이런 자연을 다룬 작품에는 4·3 같은 아픈 사건이 배어 있지 않아서 더 즉물적인 모습으로 피어난다. 시인이 보고 느낀 그대로 묘사하는 방식에서 단수의 간명한 매력이 오롯해지는 것이다. 그런데 제주 고유의 난으로 유명한 "문주란"의 개화도 시인에게는 "신생아"의 "첫 울음"으로 비쳐진다. 토끼섬의 아름다운 한때를 "누가 / 날 받았는지 / 한여름 / 몸을 푼 바다"로 잡아내는 모성적 표현이 꽃으로 자연스럽게 이어지며 개화에도 "신생"의 생동감을 부여하는 것이다. 몸 푸는 바다에 아기의 첫 울음 같은 꽃이라니, 절묘한 비유로 문주란 향기가 더 환해지는 느낌이다.

　「금빛 합장」은 "구름비나무"의 모습에서 비롯된 비유로 부처의 광배(光背) 같은 느낌을 부각한다. 그 덕에 나무의 새순 빛깔에서 나온 발원도 "어린 손들"의 "금빛 합장"으로 솟을 수 있는 것이다. "빌지 않아도 / 꽃들이 피어난다"는 "봄날" 금빛 손을 모은 구름비나무들의 장엄한 모습! 그 싱싱한 우듬지들이 제주에서나 만날 수 있는 풍광으로 이루는 금빛의 메아리가 눈부시다.

　문순자 시인의 이번 시집은 제주를 빼고 말하기 어려울 정도로 제주의 비중이 압도적이다. 하지만 제주를 드러내지 않는 시조도 꽤 있으므로 제주로 한정한 읽기는 그의 시세계를 좁히는 결과가 될 것이다. 제주 외에 우리네 삶의 보편적 모습을 그린 작품 중에 「아슬아슬」은 특히 새겨 읽게 만드는 가편이다.

> 아마존강 벌새가 밀어올린 둥지처럼
> 구례 오산 꼭대기 아슬아슬 사성암
> 이른 봄 등 떠밀려 와
> 기와불사 훔쳐본다
>
> '정리하려 했지만……
> 그냥 좋아할래요'
> 발밑에 세상을 버린 고승들 수행처에서
> 건강도 합격기원도 아닌
> 사랑고백이라니!
>
> 그래, 이 젊은 것들아
> 간절하면 이루리라
> 어느 가슴엔들 그런 사랑 없겠느냐
> 꼬깃한 나의 고백도 불전함에 놓고 간다
>
> ―「아슬아슬」 전문

이 시조는 삶의 보편적 모습을 자연스럽게 그릴 때 더 깊은 울림이 되는 것을 보여 준다. "사성암"이라는 암자에서 훔쳐본

"기와불사"의 한 구절과 그것을 통해 전달하는 사랑의 힘은 정겹고 훈훈하다. 어디서나 가능한 것이 "젊은 것들"의 "사랑고백"이겠지만, 시인은 "세상을 버린 고승들 수행처에서"도 버젓이 나오는 것을 눈여겨본다. "정리하려 했지만…… / 그냥 좋아할래요"라니, 이 풋풋하고 당당한 고백에 슬그머니 웃음을 물지 않을 수 없다. 여기서 젊음의 힘을 엿본 시인은 "간절하면 이루리라"고 어느 청춘의 사랑을 빌어 준다. 그들에 비해 "불전함에 놓"는 "나의 고백"이 상대적으로 더 "꼬깃"해 보일지라도 엄마 마음이라서 초라하지 않고 넉넉하다. 나아가 젊음에 대한 질투를 살짝 불러일으키는 동시에 우리 또한 같은 마음이 되어 알지도 못하는 누군가의 사랑을 응원해 주고 싶게 한다. 이는 어느 가슴에나 "그런 사랑"이 있는 데서 연유하는 기도인 한편 시인의 특기인 엄마 마음이 길어 올리는 감동의 따뜻한 힘이다.

이와 비슷한 작품인 「어떤 비문」 역시 각박한 세상 한 구석을 훈훈하게 비추는 마음을 통해 시의 역할을 환기한다. 마치 엄마 마음으로 돌아보면 세상의 많은 상처들도 위안이나 치유가 가능해진다고 말하는 것 같다. 세상의 아픈 곳을 외면하지 않음은 물론 그 속으로 들어가서 아픔을 품고 다독이며 함께하는 것, 그런 특성이 문순자 시조에 울림을 넓히는 모성적 힘이다.

### 4

제주의 삶을 다시 읽고 다시 쓰는 것은 그 자체로 제주의 재발견이요 재정립이 된다. 물론 제주 시인이라면 그것이 당연한 모색이자 지향이라고 할 수 있다. 그리고 많은 시인이 그런 탐색을 지속적으로 하고 있는 실정이기도 하다. 다만 제주를 어떻게 읽고 그리는지, 그 시각과 태도와 방식에 따라 한 시인으로서의 개성과 성취가 달라질 것이다. 그새 꽤 많아진 제주의 시인들 사이에서도 자신의 독자적 영역을 마련하고, 그것의 미적 심화나 확대를 지속하기란 녹록지 않을 것이기 때문이다. 그것도 뭍과 멀리 떨어진 섬 안의 상황이니 비슷한 이야기의 반복이나 재생산을 피하며 또 다른 지평을 열려면 고민이 더 클 수밖에 없을 것이다.

그런 중에도 문순자 시인이 꾸준히 모색하는 제주 다시 읽기와 쓰기는 페미니즘의 단초를 적극적으로 열고 있어 듬직하다. 이것이 중요하고 의미 있는 방향 설정이었음은 우리가 읽은 여러 시편에서 확인할 수 있었다. 특히 시인이 엄마 마음으로 세상을 읽고 품고 쓰는 데서 발휘하는 힘은 그 울림의 진폭이 남다르다는 점에서 이후 시세계의 또 다른 확장을 기대하게 한다. 물론 비슷한 관점의 형상화는 자기 복제의 우려가 더 높다는 시조의 형식적 특성상 끊임없는 주의를 요한다. 그런 경계를 바탕으로 미적 갱신을 거듭한다면 문순자 시인의 제주 읽기와 다시 쓰기는 제주 여성시인으로서의 권역을 한결 풍요롭게 넓혀 갈 것이다.

## 아슬아슬

지은이 · 문순자
펴낸이 · 유재영
펴낸곳 · 동학사

1판 1쇄 · 2014년 8월 10일
출판등록 · 1987년 11월 27일 제10-149

주소 · 121-884 서울 마포구 토정로53 합정동
전화 · 324-6130, 324-6131 | 팩스 · 324-6135
E-메일 | dhsbook@hanmail.net
홈페이지 | www.donghaksa.co.kr
www.green-home.co.kr

ⓒ 문순자, 2014

ISBN 978-89-7190-458-9  03810
※ 저자와의 협의에 의해 인지를 생략합니다.
※ 잘못된 책은 바꾸어 드립니다.
※ 이 책은 2014 아르코문학창작기금 지원을 받아 발간하였습니다.